BEI GRIN MACHT SICH IHR WISSEN BEZAHLT

Kennzahlengestütztes IT-Management für ein selbst gewähltes Fallbeispiel

GRIN

Bibliografische Information der Deutschen Nationalbibliothek:

Die Deutsche Nationalbibliothek verzeichnet diese Publikation in der Deutschen Nationalbibliografie; detaillierte bibliografische Daten sind im Internet über http://dnb.d-nb.de abrufbar.

ISBN: 9783346964335
Dieses Buch ist auch als E-Book erhältlich.

© GRIN Publishing GmbH
Trappentreustraße 1
80339 München

Druck und Bindung: Books on Demand GmbH, Norderstedt Germany
Gedruckt auf säurefreiem Papier aus verantwortungsvollen Quellen

Das Buch bei GRIN: https://www.grin.com/document/1408013

I

Inhaltsverzeichnis

Abbildungsverzeichnis

Abkürzungsverzeichnis

KPIs	Key Performance Indicators

1. Einleitung

1.1. Ausgangssituation

In Zeiten eines stärker wachsenden Wettbewerbsdrucks stellen sich viele Unternehmen die Frage, wie eine weitere Wettbewerbsfähigkeit möglich ist. Zudem hat sich das Verhalten der Kunden stark verändert, unter anderem durch die gestiegene Transparenz und die Möglichkeit sich rund um die Uhr über Leistungen und verschiedene Angebote zu informieren. Das hat zur Folge, dass sich die Erwartungen und Wünsche der Kunden drastisch geändert haben und die Unternehmen zur Sicherung der Konkurrenzfähigkeit darauf reagieren müssen. Eine der Schlüsselrollen liegt heutzutage in der Informationstechnologie und dem IT-Managements des Unternehmens.

Im Hinblick auf die Finanzdienstleistungsbranche ist eine bemerkenswerte Transformation festzustellen, die vorangetrieben durch die Digitalisierung eine heute schon stark spürbare Veränderung mit sich bringt. Die Begriffe künstliche Intelligenz oder auch Blockchain-Technologien werden immer häufiger mit dem klassischen Bankenmodell in Verbindung gebracht, sodass der gesamte Sektor darauf reagieren muss.

In dieser sich schnell ändernden und komplexen Umgebung ist das Finanzdienstleistungsunternehmen auf hochmoderne IT-Systeme angewiesen und das IT-Management steht vor der Herausforderung sicherzustellen, dass die IT-Infrastruktur sowohl sicher als auch stabil ist und den compliance- und regulatorischen Anforderungen entspricht.

Ein Kennzahlengestütztes IT-Management kann hierbei eine entscheidende Rolle für das Finanzdienstleistungsunternehmen spielen und wird deshalb im Rahmen dieser Arbeit näher thematisiert.

1.2. Ziel und Aufbau der Arbeit

Aufgrund der stetig voranschreitenden Digitalisierung, Technologisierung und Globalisierung, ist es für die Sicherung der zukünftigen Wettbewerbsfähigkeit der Unternehmen essenziell sich mit dem IT-Management des Unternehmens auseinanderzusetzen und ein kennzahlengestütztes System zur stetigen Analyse, Optimierung der Geschäftsprozesse und Zielerreichung des Unternehmens zu verwenden. Aus diesem Grund wird im Rahmen dieser Arbeit auf das IT-Management - insbesondere auf den Einsatz eines geeigneten kennzahlengestützte Systems - eingegangen und ein Konzept für ein Finanzdienstleistungsunternehmen dargelegt.

Als Basis werden die theoretischen Grundlagen des IT-Managements, mit den Zielen, Erfolgsfaktoren und möglicher Methoden und Instrumenten aufgeführt.

Daraufhin werden diese Grundlagen auf ein praktisches Beispiel – in dieser Arbeit ein Finanzdienstleistungsunternehmen – angewandt und auch mögliche Anforderungen herausgearbeitet. Im Weiteren erfolgte eine Auseinandersetzung mit dem kennzahlengestützten System und es werden geeignete Kennzahlen für das Finanzdienstleistungsunternehmen aufgelistet.

Abschließend endet diese Arbeit mit einer kurzen Zusammenfassung und einem Fazit.

2. Theoretische Grundlagen

2.1. Definition IT-Management

Als IT-Management wird das Management der Auswahl und des Betriebes der Informationsinfrastruktur betitelt. [1] Neben den Managementaufgaben rund um die Hard- und Software fließen auch organisatorische, strategische oder auch konzeptionelle Aspekte in das IT-Management mit ein. „Das IT-Management sollte als eine ganzheitliche Methode verstanden werden, um Geschäftsdaten zu sammeln, zu verarbeiten und zu speichern, um die Bedürfnisse eines Unternehmens zu erfüllen." [2]

Zudem ist anzumerken, dass die Begriffe IT-Management und Informationsmanagement zunehmend als Synonyme verwendet werden. Als Definition kann hier eine Führungsaufgabe als Teil der Unternehmensführung genannt werden, die sich damit auseinandersetzt, die Potenziale der Informations- und Kommunikationstechnologien zu erkennen und diese in Lösungen umzusetzen. [3]

---

[1] Vgl. Resch (2013), S.31ff
[2] Pilorget, Schell (2022), S.3
[3] Vgl. Zarnekow, Brenner (2004), S.4f

In der folgenden Darstellung sind die Aufgabenbereiche des IT-Managements dargestellt:

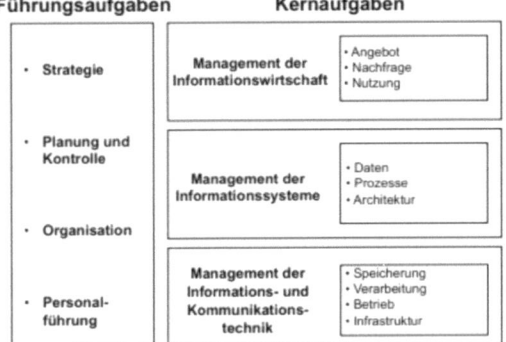

Abbildung 1: Aufgabenbereiche des IT-Managements[4]

In der Abbildung sind neben den vier Führungsaufgaben Strategie, Planung und Kontrolle, Organisation und Personalführung drei Kernaufgaben aufzulisten:

o Management der Informationswirtschaft
Bei dieser Aufgabe ist vordergründig die Bereitstellung und weitere Nutzung der Ressource Information zu vermerken.[5]

o Management der Informationssysteme
Die Aufgabe der Planung, Entwicklung und Einführung computergestützter betrieblicher Informationssysteme steht im Fokus.[6]

o Management der Informations- und Kommunikationstechnik
Hier steht Bereitstellung der jeweils benötigten technischen Infrastruktur für den reibungslos laufenden Systembetrieb, sowie der Planung künftiger neuer technischer Komponenten im Fokus.[7]

---

[4] Vgl. Resch (2013), S.107
[5] Vgl. Kaufmann, Mülder (2023), S.526
[6] Vgl. Kaufmann, Mülder (2023), S.528
[7] Vgl. Kaufmann, Mülder (2023), S.531

4

2.2. Ziele

Die Effektive Planung, Steuerung und Nutzung der IT-Ressourcen stehen beim IT-Management im Fokus, sodass die Geschäftsziele bzw. die Strategie des Unternehmens und die jeweiligen Anforderungen bestmöglich unterstützt werden.[8]

Die Sicherstellung der Qualität der IT-Servicebereitstellung und die Maximierung der vorhandenen Effizienz der IT-Prozesse und IT-Systeme zur optimalen Ressourcen Nutzung und Kosten Minimierung gelten als weitere Ziele des IT-Managements, ebenso wie die kontinuierliche Verbesserung IT-Prozesse, IT-Systeme und Diensten.

Zudem werden auch die Förderung von Innovation, mittels der Einführung neuer Lösungen und Technologien zur Sicherstellung der weiteren Benutzerfreundlichkeit der IT-Landschaft und Erfüllung der jeweiligen Kundenanforderungen, angestrebt.[9]

Das effiziente Allokieren der Ressourcen Personal und Budget ist ein weiteres Ziel des IT-Management, ebenso wie die Einhaltung regulatorischer und gesetzlicher Anforderungen an das Unternehmen, was insbesondere in einem stark regulierten Sektor wie dem Finanzsektor von großer Wichtigkeit ist.

Als zentrales Ziel des IT-Managements gilt vor allem auch die Sicherheit der Daten und IT-Systeme, sodass Sicherheitsrisiken und externe, sowie interne, Bedrohungen minimiert werden können.[10]

2.3. Erfolgsfaktoren

In engem Zusammenhang mit den verfolgten Zielen des IT-Managements ist es notwendig, dass eine enge Abstimmung der IT-Strategie mit den Geschäftszielen vorhanden ist. Auch eine definierte Führungsstruktur, sowie ein effektives IT-Governance sind von entscheidender Rolle, sodass Verantwortlichkeiten und Entscheidungsprozesse klar geregelt sind.

Neben einem effizienten Ressourcenmanagement zur Gewährleistung ausreichender Mittel, ist auch die Mitarbeiterqualifikation essenziell. Das Bereitstellen geschulter Mitarbeiter mit den notwendigen Kenntnissen und Fähigkeiten ist ein zwingender Erfolgsfaktor des IT-

4

[8] Vgl. Hofmann (2010), S.14
[9] Vgl. Pilorget, Schell (2022), S.8
[10] Vgl. Pilorget, Schell (2022), S.9

Managements.[11] Die Sicherstellung der Befriedigung der Kundenbedürfnisse durch benutzerfreundliche Anwendungen, sowie die Fähigkeit des IT-Managements die Projekte nicht nur theoretisch zu planen, sondern auch effektiv umzusetzen und innerhalb des Zeitplans abzuschließen sind von hoher Bedeutung. [12] Auch das Einhalten des Budgets muss hier beachtet werden. Die Identifizierung neuer innovativer Lösungen und die Fähigkeit rasch und flexibel auf Veränderungen zu reagieren sind nicht nur Erfolgsfaktoren des IT-Managements, sondern dies kann zusätzlich Wettbewerbsvorteile schaffen. In Anbetracht der immer publiker werdenden erfolgreichen Cyberangriffen von Hackern, steht die Sicherheit an oberster Stelle. Die Risiken müssen nicht nur vom Unternehmen identifiziert werden, sondern es müssen auch die geeigneten Vorkehrungen und Sicherheitsmaßnamen implementiert werden. [13]

Außerdem gilt es regelmäßig Messungen und Bewertungen der IT vorzunehmen, damit eine Zielerreichung gewährleistet und Verbesserungsmöglichkeiten erkannt werden können.

2.4. Instrumente und Methoden

Im Folgenden ist eine knappe Auflistung möglicher Instrumente und Methoden des IT-Managements dargestellt:

o Kennzahlen, d.h. quantitativ vorliegende Daten, können zur laufenden Überwachung der vorhandenen IT-Performance, sowie zur Erstellung von Berichten genutzt werden.

o Key Performance Indicators (KPIs) geben Ausschuss über eine nicht finanzielle Kernleistung des Geschäfts.[14]

o Benchmarking dient dem Vergleich der eigenen IT-Leistung mit den branchenüblichen Standards.[15]

o Balanced Scorecard, ein Kennzahlensystem, fungiert der Verbindung zwischen Strategiefindung und der Umsetzung der Strategie.[16]

---

[11] Vgl. Tiemeyer (2020), S.50
[12] Vgl. Beims, Ziegenbein (2021), S.21
[13] Vgl. Hofmann (2010), S.287
[14] Vgl. Kaufmann, Mülder (2023), S.365
[15] Vgl. Hofmann (2010), S.214
[16] Vgl. Kaufmann, Mülder (2023), S.366

o Anwendung des Best-Practice Frameworks der Information Technology Infrastructure Library zur Sicherung eines effektiven IT-Service Managements.[17]

o Ein Six Sigma Diagramm gibt Auskunft über die Prozessschritte inklusive der Eingänge und Ausgänge mit dem Ziel der Qualitätsverbesserung und Fehlerreduzierung.[18]

3. Praktische Anwendung am Beispiel eines Finanzdienstleistungsunternehmens

Als Fallbeispiel dient im Rahmen dieser Arbeit ein mittelständisches Finanzunternehmen mit circa 500 Mitarbeitern und Filialen an mehreren Standorten. Für den reibungslosen täglichen Betrieb ist eine Vielzahl an IT-Systemen implementiert, wie das Kernbanksystem, Online- und Mobile Banking Plattformen, ein Kundenverwaltungssystem, Compliance-System, Risikomanagement-Software, IT-Sicherheitsinfrastruktur, Datenbanken zur Speicherung der Kundendaten, Server und Rechenzentren, sowie unter anderem auch Backups zur Notfallwiederherstellung. Zudem unterliegt das Unternehmen strengen Regulierungen und vor allem der Datenschutz ist aufgrund der sensiblen persönlichen Daten von immenser Wichtigkeit.

3.1. Anforderungen

Als Anforderung für ein leistungsfähiges und effizientes IT-Management sind im Hinblick auf den Finanzsektor vor allem die Sicherheit und das Thema Compliance zu nennen. Das IT-Management muss gewährleisten, dass die Prozesse und Systeme die jeweiligen Sicherheits-, Compliance- aber auch regulatorischen Ansprüche erfüllen.

Zudem müssen darüber hinaus fortschrittliche Sicherheitsmaßnahmen implementiert werden, sodass Bedrohungen und Datenleaks verhindert werden können.[19] Als eine der vordergründigen Anforderungen gilt es, die Leistungsfähigkeit dauerhaft sicherzustellen, sowie die Ausfallzeiten zu minimieren.[20] Sollte es doch eine Störung geben, dann muss ein effektives Problemmanagement vorhanden sein und schnell auf die Störung reagiert werden.

---

[17] Vgl. Hofmann (2010), S.117
[18] Vgl. Pilorget, Schell (2022), S.18
[19] Vgl. Hofmann (2010), S.287
[20] Vgl. IT-Talents (2022), o.S.

Das effektive Ressourcenmanagement im Hinblick auf das Personal, die Technologie und vor allem auch die Kosten ist eine Basis Anforderung, genauso wie die stetige Schulung und Weiterbildung der Mitarbeiter.

Die kontinuierliche Verbesserung der einzelnen Systeme und Prozesse durch z.b. die Implementierung neuer Methoden ist ebenso eine Anforderung wie die stetig vorhandene Flexibilität des IT-Managements um schnell auf die sich verändernden Ansprüche der Kunden und Mitarbeiter reagieren zu können. [21]

Festzustellen ist, dass ein dauerhaft leistungsfähiges und effizientes IT-Management ein Gleichgewicht zwischen der Sicherheit, Kundenzentrierung, Effizienz und Innovationsfähigkeit erfordert.

3.2. Kennzahlen

3.2.1. Kennzahlengestütztes System

Ein Kennzahlengestütztes System kann sowohl für die Zielformulierung, als auch für die Überprüfung des Umsetzungsstandes eingesetzt werden.

Die klare bzw. spezifische Zielformulierung bildet die Grundlage eines kennzahlengestützten It-Managements und sollte direkt von den Unternehmenszielen abgeleitet werden. Die Zielformulierung sollte auf der einen Seite ambitioniert, aber auf der anderen Seite auch realistisch getroffen werden, indem die Kompetenz der Verantwortlichen, das Budget und auch die Ressourcenverfügbarkeit mit betrachtet werden. [22]

In erster Linie können KPIs identifiziert werden, die eng mit den Unternehmenszielen und den Zielen des IT-Managements verknüpft sind. Dies könnte z.B. für das nächste Quartal eine Erhöhung der Nutzung der Mobile-App um 10% sein. Dementsprechend müssten im Anschluss Maßnahmen ergriffen werden.

Das Festlegen von messbaren Zielen, die mittels der verwendeten KPis bestimmt werden können erleichtern sowohl die andauernde Überwachung, sowie die Bewertung bezüglich der Erreichung der definierten Ziele.[23] Zudem sollte eine Frist d.h. ein Zeitrahmen festgelegt werden, wie beispielsweise ein Quartal. Auch die Verantwortlichkeiten sollten konkret verteilt werden und

---

[21] Vgl. IBH IT-Service (o.J.), o.S.
[22] Vgl. Schmidt(2010), S.56
[23] Vgl. Schmidt(2010), S.57

einzelne Maßnahmen direkt zugeordnet werden.

Angesichts der Überprüfung des Umsetzungsstandes gilt es in erster Linie die relevanten KPIs fortlaufend zu überwachen und den Fortschritt zu messen.[24] Auch hilft die regelmäßige Berichterstellung oder die Visualisierung des aktuellen Umsetzungsstandes der KPIs mittels eines Dashboards. Gleichzeitig können diese zur Kommunikation mit dem Management oder den Stakeholdern genutzt werden, sowie die Ergebnisse und Überprüfungen als Feedback mit dem Team bzw. den Verantwortlichen geteilt werden.

Im Rahmen einer Abweichungsanalyse können die Soll und aktuellen Ist-Werte direkt miteinander verglichen werden und frühzeitig Maßnahmen zur Behebung der Abweichungen initiiert werden. Zudem können gezielter die Ursachen erforscht werden.

Basierend auf den Analyseergebnissen des aktuellen Umsetzungsstandes kann die IT-Strategie rechtzeitig angepasst und Maßnahmen etabliert werden.

In Anbetracht des Umsetzungsstandes und der Zielerreichung ermöglicht die Verwendung eines kennzahlengestützten Systems eine datengesteuerte und objektive Beurteilung des Fortschritts. Eine Unterstützung der rechtzeitigen Identifizierung möglicher Hindernisse und Herausforderungen, sowie der andauernden Verbesserung des IT-Managements kann dadurch erfolgen.

3.2.2. Darlegung geeigneter Kennzahlen

Zu Beginn ist anzumerken, dass die Tauglichkeit der IT-Kennzahlen von dem Einsatzbereich, den organisatorischen und technischen Unternehmens-Gegebenheiten und den Zielen abhängt.
In Anlehnung an Kütz werden die folgenden Kennzahlen als geeignet für das Finanzdienstleistungsunternehmen angesehen[25]:

Regulatorische- und Compliance-Anforderungen:
o Anzahl der Audits ohne Beanstandungen
o Anzahl der Verstöße

---

[24] Vgl. Beims, Ziegenbein (2021), S.307
[25] Vgl. Kütz (2011), S.251ff

- o Zeit zur Behebung der Verstöße

Online-Banking-Performance:

- o Erfolgsquote der erfolgreichen Transaktionen
- o Dauer der Online-Banking Anfragen

Kosten

- o IT-Kosten pro Arbeitsplatz
- o Budgetausschöpfungsgrad
- o IT-Ausgaben im Verhältnis zum Umsatz

Systemverfügbarkeit

- o Gesamte Ausfallzeit pro Woche
- o Anteil Störungs-Eskalationen der Kategorie X
- o Ausfallzeit pro Störung
- o Sofortlösungsanteil für Störungen
- o Prozentuale Verfügbarkeit des Kernbankensystems

IT-Sicherheit

- o Anzahl der Sicherheitsvorfälle pro Monat
- o Zeit zur Erkennung / Behebung von Sicherheitsvorfällen

Services

- o Antwortzeit auf Anfragen
- o Nutzungsgrad
- o Kundenzufriedenheitsindex für IT-Dienstleistungen
- o Termintreue
- o Bewertung der Bedienerfreundlichkeit von Online-Banking
- o Reaktionszeit / Lösungszeit auf Support-Tickets
- o Antwortzeit der Datenbankabfragen

Innovation

- o Anteil IT-bezogener Verbesserungsinitiativen
- o Dauer bei der Implementierung von Änderungen

Indem diese geeigneten Kennzahlen verwendet werden, ergibt sich die Möglichkeit die Umsetzung mittels der Datensammlung, einem darauffolgenden Vergleich mit den Zielen und möglichen Abweichungen und schließlich durch die Ursachenforschung zu prüfen.

Daraufhin können gezielte Maßnahmen eingesetzt werden, sodass Anpassungen und Verbesserungen erfolgen können. Sollte eine positive Abweichung vorliegen, d.h. die Kennzahlen übertreffen die Erwartungen, dann sollte eruiert werden, ob die Ursachen hierfür auch auf andere Bereiche angewandt werden können. Bei negativen Abweichungen, d.h. die Kennzahlen erfüllen die Erwartungen nicht, sollten die Ursachen erforscht werden und gezielte Maßnahmen entwickelt werden, um die Zielerreichung zu unterstützen.[26] Wichtig ist es, die getroffenen Maßnahmen nach der Dringlichkeit und dem Einfluss auf die Zielerreichung zu priorisieren und gegeben falls die IT-Strategie aufgrund der gewonnenen Erkenntnisse anzupassen. Die Ergebnisse der Kennzahlenanalyse und die geplanten Maßnahmen sollten den relevanten Parteien mitgeteilt werden und eine Strategie zur Überwachung des Erfolges der Maßnahmen etabliert werden.

Beginnend bei der Festlegung der Ziele können bereits methodische Probleme auftreten, indem diese nicht klar definiert oder nicht in direktem Zusammenhang mit den Unternehmenszielen getroffen werden.[27] Eine Verzerrung der Ergebnisse kann durch ungenaue oder nicht aktuelle Daten vorkommen und auch zu falschen Schlussfolgerungen führen. Kennzahlen, die nur schwer messbar sind, können zu Herausforderungen führen, ebenso wie zu einer ineffektiven Überwachung. Im Hinblick auf das geplante Benchmarking kann es zu einem Fehlen von Vergleichswerten führen, sodass keine bzw. lediglich eine nicht aussagekräftige Bewertung der eigenen Kennzahlen vorgenommen werden kann. Entscheidend ist zudem, dass die Daten korrekt gesammelt, weiterverarbeitet und schlussendlich aufbereitet werden, sowie dass ausreichende Analysekompetenzen zur Interpretation der Kennzahlen und dem Ableiten der passenden Maßnahmen vorhanden sind.

4. Schluss

4.1. Zusammenfassung

Zusammenfassend ist festzustellen, dass das kennzahlengestützte IT-Management ein effektives System zur Sicherung der Unternehmensziele und somit für die weitere Wettbewerbsfähigkeit des

---

[26] Vgl. Helmke et al (2013), S.129f
[27] Vgl. Hofmann (2010), S.57

Unternehmens darstellt. Dem IT-Management wird neben den vier Führungsaufgaben Strategie, Planung und Kontrolle, Organisation und Personalführung drei Kernaufgaben zugeteilt, das Management der Informationswirtschaft, das Management der Informationssysteme und das Management der Informations- und Kommunikationstechnik. Die Ziele des IT-Managements müssen mit passenden Maßgrößen, Zeitbezug und organisatorischem Bezug getroffen werden. Zudem gibt es einige Erfolgsfaktoren des IT-Managements, wie ein effizientes Ressourcenmanagement, das Einhalten des Budgets Plans, die rechtzeitige Identifizierung der Risiken und das Treffen geeigneter Maßnahmen. Darüber hinaus kann sich das IT-Management einiger Methoden und Instrumente bedienen, wie das Verwenden von Kennzahlen oder KPIs, Benchmarking oder Balanced Scorecards.

Die theoretischen Grundlagen wurden im dritten Kapitel auf ein Finanzdienstleistungsunternehmen angewandt und zu Beginn auf die Anforderungen eines leistungsfähigen und effizienten IT-Managements geprüft. Dargelegt wurde auch, dass das kennzahlengestützte System zur Zielformulierung, durch die Festlegung von messbaren Ziel KPIs, sowie zur Überprüfung des Umsetzungsstandes mittels z.B. einer Abweichungsanalyse, verwendet werden kann. Angesichts des Finanzdienstleistungsunternehmens wurden geeignete Kennzahlen aufgelistet, die sich auch auf die Einhaltung der Regulatorischen- und Compliance-Anforderungen beziehen. Jedoch ist auch anzumerken, dass methodische Probleme auftreten können, wenn z.B. lediglich eine unzureichende Datenqualität oder fehlende Analysekompetenzen vorhanden sind.

4.2. Fazit

Abschließend ist zu thematisieren, dass das kennzahlengestützte IT-Management für das Finanzdienstleistungsunternehmen im Hinblick auf u.a. die Optimierung der IT-Abteilung, Minimierung von Risiken, sowie Einhaltung bzw. Messung der Compliance und regulatorischen Richtlinien und der Steigerung der Kundenzufriedenheit positiv zu bewerten ist.

Auch der Finanzdienstleistungssektor bleibt einem stetigen Wandel der Branche nicht erspart und somit kann es schnell zu Veränderungen kommen, die wiederum Chancen und Herausforderungen für die Zukunft bilden können. In den Medien wird das Thema Sicherheit im Internet vor allem auch im Bereich der Hacker-Angriffe immer präsenter, sodass vielzählig Datenlücken auftauchen und die Unternehmen für einen gewissen Zeitraum lahmgelegt werden.[28] Dies hätte zudem einen starken Vertrauensverlust der Kunden als Folge, was zu einer potenziellen Abwanderung führen könnte. Deswegen ist es vor allem für den Finanzdienstleistungssektor ausschlaggebend die eigene Sicherheitsvorrichtungen stetig zu überprüfen und zu überarbeiten. Dies ist einer von vielzähligen Bereichen des Unternehmens, in welchem ein ausgereiftes IT-Management notwendig ist und durch ein kennzahlengestütztes System optimal zur Zielerreichung des Unternehmens genutzt werden kann.

---

[28] Vgl. Hänisch, Rogge (2017), S.94

Literaturverzeichnis

Beims, Ziegenbein (2021): IT-Service-Management in der Praxis mit ITIL – Zusammenarbeit systematisieren und relevante Ergebnisse erzielen

Hänisch, Rogge (2017): Industrie 4.0 - Wie cyber-physische Systeme die Arbeitswelt verändern

Helmke, et al (2013): Managementorientiertes IT-Controlling und IT-Governance

Hofmann (2010): Masterkurs IT-Management – Grundlagen, Umsetzung und erfolgreiche Praxis für Studenten und Praktiker

IBH IT-Service (o.J.): Worauf muss man beim Aufbau einer IT-Infrastruktur in Unternehmen achten? Zugriff am 17.09.2023, von https://www.ibh.de/index/worauf-muss-man-beim-aufbau-einer-it-infrastruktur-in-unternehmen-achten

IT-Talents (2022): Wie werden komplexe IT-Infrastrukturen effizient gemanagt? Zugriff am 17.09.2023, von https://it-talents.de/it-wissen/wie-werden-komplexe-it-infrastrukturen-effizient-gemanagt/

Kaufmann, Mülder (2023): Grundkurs Wirtschaftsinformatik - Eine kompakte und praxisorientierte Einführung

Kütz (2011): Kennzahlen in der IT: Werkzeuge für Controlling und Management

Pilorget, Schell (2022): IT-Management - Die Kunst des IT-Managements auf der Grundlage eines soliden Rahmens, der das politische Ökosystem des Unternehmens wirksam unterstützt

Resch (2013): Einführung in das IT-Management

Tiemeyer (2020): Handbuch IT-Management - Konzepte, Methoden, Lösungen und Arbeitshilfen für die Praxis

Zarnekow, Brenner (2004): Integriertes Informationsmanagement: Vom Plan, Build, Run zum Source, Make, Deliver